L'EUNUQUE
OU
LA FIDELE INFIDELITÉ.

PARADE,

Mêlée de Prose & de Vers.

EPITRE DEDICATOIRE.

L'AUTEUR A SES AMIS.

Air. Grand Duc de Savoye.

AGréez l'hommage
De ce Pot-pourri ;
Chez vous, mon Ouvrage
Demande un abri :
Au lieu de suffrage,
Si vous dites *Non* ;
Je casse, de rage,
Ma Flute à l'oignon.

CONSEIL DE L'AUTEUR

A SA MUSE.

Air. *Elle a bien autre chose qui surpasse cela.*

SI le Public, ma chére,
Vous reçoit d'un air froid,
Courez chez la Beurriere
Implorer de l'emploi :
Endurez, sans rien dire,
Le mépris, le dégoût ;
Car, jusqu'à la Satyre,
Le papier souffre tout.

L'AUTEUR
AU LECTEUR.

Air. La beauté, la rareté, la curiosité.

Je ne vanterai point, de ma burlesque Lyre,
La Beauté.
L'Apollon de Montmartre est le Dieu qui m'inspire ;
La Rareté!
A cet aveu, Lecteur, aurez-vous, de me lire,
La Curiosité?

APPROBATION
DE LA FOLIE.

Air. *Les folies d'Espagne.*

Plusieurs chemins conduisent au sublime ;
L'Auteur qui croit sa Piéce faite au tour,
Justifiera notre parfaite estime,
En produisant son Ouvrage au grand jour.

PERSONNAGES.

CASSANDRE, Vieillard.

LE DOCTEUR, Pere ou cru Pere d'Isabelle.

ISABELLE.

LEANDRE, Neveu de Cassandre & accordé en mariage à Isabelle.

COLOMBINE, Suivante d'Isabelle.

Un Domestique.

La Scene est à Paris dans le Jardin ou dans la Salle de Compagnie de la Maison du Docteur.

L'EUNUQUE,

OU

LA FIDELE INFIDELITÉ.

SCENE PREMIERE.

CASSANDRE, ISABELLE, COLOMBINE.

ISABELLE.

Air. *Des Fraises.*

TROIS fois j'ai vû le mois d'Août,
Sans retrouver Léandre ;
J'ai beau le chercher partout,
Je ne sçai plus par quel bout
M'y prendre ; m'y prendre,
M'y prendre.

CASSANDRE.

Air. *De tous les Capucins du monde.*

Il met bien sa famille en peine,
Courant ainsi la pretantaine.

ISABELLE.

Est-il mort ?

COLOMBINE.

Qu'est-il devenu ?

CASSANDRE.

Je ne sçai ; mais en conscience
Je n'ai pas encore entendu
Dans Paris crier sa Sentence.

Trois ans se sont passés, depuis que votre pere,
Fameux Docteur, & moi, nous avons, pour vous plaire,
Arrêté votre hymen avec ce mien Neveu,
Qui paroît aujourd'hui s'en soucier fort peu :
Car le Contrat dressé, pour un pélérinage,
Notre Docteur forcé de se mettre en voyage,
Décampe un beau matin qu'il faisoit grand brouillard ;
Votre futur aussi, le même jour, fuit, part
Sans faire ses adieux ; & depuis cet esclandre,
Vous ni moi, n'entendons parler de ce Léandre ;
En vain, depuis trois ans, le drôle est attendu :
Mais, mignonne, crois-moi, tu n'auras rien perdu.

Air. *Les Pélerins de S. Jacques.*

Léandre, pour chercher fortune
Je ne sçais où,
Depuis très-longtems, à la Lune
A fait un trou :
Si prendre le titre d'Epoux
Cause sa peine ;

A sa place, voudriez-vous
Souffrir que je le prenne ?

Air. *Un jour passé dans les tourmens.*

Craignant de nuire à mon neveu.
J'ai renfermé mon feu
Dix-huit mois, six & douze ;
Mais, c'est plus fort que jeu,
Souf.... frez que je ... vous épouse ;
En guise de mon cher neveu.

COLOMBINE.

Air. *Vous qui vous moquez par vos ris.*

Avant tout qu'il se fasse donc
Traiter de sa jaunisse,
Que son asthme, sa fluxion,
Son cotére guérisse :
Après quoi ce vaillant Champion ;
Entrera dans la lice.

Air. *Réveillez-vous, belle endormie.*

Que pourriez-vous faire, à votre âge ;
D'un homme aussi cassé que lui ?
Tenez, écoutez le langage
Que tient toujours un vieux mari ?

Air. *Pour la Baronne.*

J'ai la migraine,
Ma femme, sans moi, couchez-vous ;
J'ai la migraine,
Cette nuit, passez-vous d'époux :
Et tant que dure la semaine,
Il vous répéte avec sa toux,
J'ai la migraine.

CASSANDRE.

Air. *Les Trembleurs.*

Facilement Colombine
Croit que l'on peut, ſur ma mine,
Me manger à la ſourdine,
La laine deſſus le dos;
Mais je jure la mort diantre,
Que je veux que l'on m'éventre,
Si je ne fais dans ſon ventre
Rentrer ſes mauvais propos.

ISABELLE.

Air. *Ma raiſon s'en va beau train.*

Vainement prétendez-vous
Un jour être mon époux.
Quoi! Vieux Radoteur,
Votre air ſéducteur
Peut-il plaire aux fillettes?
Amour! quand vous bleſſez un cœur,
Mettez mieux vos lunettes,
Lon là,
Mettez mieux vos lunettes.

Air. *Dondaine, dondaine.*

Léandre a quitté la maiſon; *bis.*
Il eut ſans doute une raiſon,
Dondaines, dondaines:
Polichinel, dit-on,
A bien les ſiennes.
Peut-être la colére où me met ſon oubli,
Me feroit ſur le champ accepter le parti.
Je ne le ſçais que trop, & par expérience,
Notre Séxe eſt fragile ainſi que la fayance,

Et bien que vous ſoyez impotent, vieux, Hibou,
Vous paroiſſez être homme, & c'eſt toujours beaucoup.

Mais de peur que ma vertu ne ſuccombe encore à la tentation, voici ce que j'ai réſolu depuis hier, en jurant par le Styx, comme un chartier embourbé.

Air. *Vous voulez me faire chanter.*

Pour vous prouver qu'à mon Amant,
Je me conſerve entiére,
Ecoutez ici le ſerment
Que l'Amour m'a fait faire.
Je n'écouterai point les vœux
D'un jeune ou d'un caduque,
Que je n'aye vû par mes yeux,
Qu'il eſt vraiment Eunuque.

COLOMBINE.

Allons, Monſieur, du courage !

Air. *Il faut que je file, file.*

Vous pouvez la ſatisfaire;
Saiſiſſez l'occaſion,
Pour parvenir à lui plaire,
Sans nulle réfléxion,
Allez donc vous faire faire
Vîte l'opération.

CASSANDRE.

Air. *Amis ſans regretter Paris.*

Qu'il paroît d'inhumanité
Dans cette fantaiſie!
C'eſt de deſſein prémédité
Vouloir m'ôter la vie.

COLOMBINE.

Quoi ! vous balancez ? Ah, vous n'êtes pas un amoureux délicat.

Air *Quand on a prononcé ce malheureux oui.*

Pour vous dédommager d'une flamme charnelle,
Vous deviendrez dodu, vous aurez la voix belle,
Vous n'aurez plus de barbe ; & par ce coup d'éclat
Vous lui gagnez le cœur, & régalez son chat.

CASSANDRE.

Air. *Un certain je ne sçai quoi.*

Je vous verrois rire de moi,
D'avoir cette foiblesse :
Si je n'ai plus tant de jeunesse,
Au moins faut-il toujours sur soi
Avoir un certain je ne sçai qu'est-ce,
Avoir un certain je ne sçai quoi.

ISABELLE.

Air. *Lanla derirette, lanla derira.*

Se peut-il que l'amour naisse
Avec la caducité !
De mes attraits, lequel est-ce
Qui pourroit avoir tenté
Votre Lanla
Landerirette ?
Votre Lanla
Landerira ?

CASSANDRE.

Air. *Du haut en bas.*

Du haut en bas,

Vous inſpirez la paillardiſe,
Du haut en bas,
Je ne vous vois que des appas :
Mais quelle aimable friandiſe,
Quand je vous verrai ſans chemiſe
Du haut en bas !

Air. *V'la c'que c'eſt qu'd'aller aux Bois.*

De vous voir il eſt dangereux,
V'là c'que c'eſt qu'd'avoir des yeux,
Tout en vous eſt ſi gracieux,
Votre peau doucette,
Blanchette & douillette,
Va faire un jeune homme, d'un vieux ;
V'là c'que c'eſt qu'd'avoir des yeux.

ISABELLE.

Pour vous réciproquer.

Air. *Le même.*

En vous je ne vois qu'un Chaſſieux,
V'là c'que c'eſt qu'd'avoir des yeux.
Tout en vous, me paroît craſſeux ;
J'ai bonne viſiére,
Les oncles, pour plaire,
Ne vaudront jamais leurs neveux ;
V'là c'que c'eſt qu'd'avoir des yeux.

Quoi ! l'on m'appelleroit moi, *Madame Caſſandre ?*
Ce diſcours, des deux yeux, ſe peut-il bien entendre !

CASSANDRE.

Oui ; vous le prenez ſur ce ton-là ! Eh bien ſçachez donc que le Docteur arrive aujourd'hui ; il est mon ami, & quoique le nom de Cassandre vous déplaise, je vous jure moi que vous le porterez, & que je vous épouserai à votre barbe.

COLOMBINE.

Quoi donc? Vieux Chat-Huant....

CASSANDRE.

Air. *Helas, ce fut sa faute.*

Cessons tous ces discours picquans ; *bis.*
Cet Hymen, dans fort peu de tems,
Aura lieu de vous plaire.
Et malgré vous, malgré vos dents,
Je vous le ferai faire,
Lon la,
Je vous le ferai faire.

ISABELLE.

Oh! Parbleu je vous en défie.

CASSANDRE.

Air. *Lére la, Lére Lan Lére.*

Et pour m'assurer ce bonheur,
Je vais au-devant du Docteur,
Qui débarque à la Grenouillére,
Lére la, Lére lan Lére,
Lére la, Lére lan la.

Il sort.

COLOMBINE, *à Cassandre.*

Fin de l'Air.... *Il faut que je file, file.*

Allez donc vous faire faire
Vîte l'opération.

SCENE II.

ISABELLE, COLOMBINE.

COLOMBINE.

VOus voyez ; j'ai fait ce que j'ai pû pour détourner ce vieux Pénard de vous épouser ; mais s'il gagne l'esprit de votre Pere, comment ferons-nous ?

ISABELLE.

Air. *Un inconnu pour vos charmes soupire.*

Pour que son cœur prenne bientôt la mouche,
Je lui dirai que trois fois trois Amans,
M'ont mise en couche,
Depuis trois ans ;
Il connoîtra par mes aveux prudents,
Que je ne fais point la petite bouche.

COLOMBINE.

Ah ! ma foi, vous avez raison ; à quelque chose le malheur est bon. Mais il est à craindre en ébruitant votre avanture, qu'elle ne produise le même effet sur l'esprit de Léandre, s'il revient ; & qu'il ne se dégoûte de vous : Et franchement vous ne l'avez pas trop bien traité pendant son absence.

Air. *Vous m'entendez bien.*

Tête à tête avec Arlequin,
Il vous a fait ce que Tarquin,
Par excès de tendresse.

ISABELLE.

Hé bien ?

COLOMBINE.

Fit un jour à Lucréce ....
Vous m'entendez bien.

Air. *Vous avez bien de la bonté.*

Plusieurs nuits avec Pantalon,
Bien loin d'être farouche,
Tous deux couchés de votre long,
Vous étiez bouche à bouche
Par la même facilité,
Vous accordâtes votre couche
à Scaramouche:
Pour eux en vérité
Vous eutes bien de la bonté.

ISABELLE.

Air. *Le premier jour du mois de Mai.*

C'est la faute à ce mois de Mai,
Quand se réveille la nature.
Je leur plûs, & je les aimai,
C'est la faute à ce mois de Mai.
Tous les trois m'ont mise à l'essai,
Je dirai si l'on en murmure,
C'est la faute à ce mois de Mai,
Quand se réveille la Nature.

COLOMBINE.

Je crois effectivement que dans ce tems-là on est fort embarrassé.

Air. *Comment faire?*

Malgré nous il vient un desir,
Ce desir ne tend qu'au Plaisir,
Au plaisir peut-on se soustraire?
La pudeur conseille nenni,
Mais le cœur dit, vas-y, vas-y;
Comment faire?

ISABELLE.

Air. *Nanon dormoit.*

Léandre absent
A causé ma déroute,
En l'attendant,
On m'a, sans qu'il m'en coute
Un denier de façon,
Montré, montré,
Montré comme on fait un garçon.

COLOMBINE.

Air. *Ma mie Margot.*

Ah! qu'il fera beau carillon
Si le sort vous rassemble!
Un Arlequin, un Pantalon,
Un Scaramouche ensemble,
Ont cajolé sa mie,
Ont cajolé sa mie Margot,
Ont cajolé sa mie.

ISABELLE.

Air. *J'étois malade d'amour.*

Tous les trois me faisoient leur cour ;
J'en étois assiégée :
A ces trois amans, tour à tour,
Je me suis adjugée.
J'étois, j'étois malade d'amour,
Ils m'en ont soulagée.

COLOMBINE.

Pourquoi disparoissoit-il aussi ? Les absens ont toujours tort.

ISABELLE.

Air. *Tes beaux yeux, ma Nicole.*

J'ai puni son absence,
En lui joüant d'un tour ;
A la seule vengeance
Mes fils doivent le jour :
J'en ai fait trois, sans peine ;
Dans mes transports boüillans,
J'aurois fait la douzaine,
Si j'en eusse eu le tems.

COLOMBINE.

Air. *Dans le fond d'une écurie.*

Une vengeance aussi douce,
Doit avoir beaucoup d'appas.
Aussi je jure tout bas,
Si quelque Amant me courouce,
Que je mettrai tout mon soin,
A la Pousse . . . Pousse . . . Pousse. . . .

Que

Que je mettrai tout mon ſoin
A la pouſſer bien plus loin.

ISABELLE.

Je ſuis bien de ton avis, & nous ſympatiſons toutes deux à merveille. Si Léandre revient, & que mes trois groſſeſſes lui donnent un peu d'humeur, parce qu'il n'y aura point participé, pour appaiſer ſa colére....

Air. *Faire l'Amour la nuit & le jour.*

Je lui dirai, tout doux,
A d'autres j'eus affaire;
Mais je penſois à vous,
En m'occupant à faire
L'Amour
La nuit & le jour.

Tu en es témoin, Colombine, puiſque j'ai eu l'attention de faire porter le nom de Léandre à tous mes enfans.

COLOMBINE.

Un ſentiment ſi délicat ne peut que lui plaire infiniment; il vous épouſera tout de ſuite. S'il n'a que le reſte des autres, c'eſt encore un bon reſte, qu'on ne doit pas jetter aux chiens.

Air. *Menuet de M. de Grandval.*

Une Roſe, déja flairée,

Ne repand-elle plus dodeur ?
Et d'une bouteille entamée,
Négligera-t-on la liqueur ?

ISABELLE.

Ah ! Colombine, que tu as d'esprit ! Et que tes maximes me plaisent !

COLOMBINE.

Mais, Mademoiselle, vous qui aimez tant l'Amour ; qui prenez tant de plaisir à le faire, je m'étonne que vous n'ayez pas accordé à Léandre ce que vous avez si facilement prodigué aux autres. Est-ce qu'il ne vous a jamais pressée de...

ISABELLE.

Pour faire ce faux pas, je suis trop vertueuse.
Sans doute que je suis de Léandre amoureuse ;
Mais un homme choisi pour m'épouser un jour ;
Avant le tems marqué ne peut cuire à mon four.
Un époux est toujours le dernier, Colombine,
De ceux qu'à nos faveurs le doux destin destine.
Il est bien vrai qu'un jour il ne s'est pas fallu
L'épaisseur d'un cheveu, qu'il n'ait tout obtenu.

Air. *Cela m'est bien dur.*

Brûlant de la plus vive flamme,
Il vint tomber à mes genoux,
Je le repoussai, mais mon ame
Disoit tout bas, avancez-vous.

A ſes tranſports j'aurois été ſoumiſe,
Si dans ſa franchiſe,
Il m'eût dit d'un ton ferme & sûr,
Cela m'eſt bien dur.

Il ne perſiſta point, & ſa molle indolence
Eut peur de ſurmonter ma foible réſiſtance.
C'eſt ainſi qu'Annibal, s'arrêtant en chemin,
A manqué le grand coup de dompter le Romain;
Mais finiſſons ici notre entretien, ma chére,
J'apperçois à l'inſtant le retour de mon pere.

SCENE III.

LE DOCTEUR, CASSANDRE, ISABELLE, COLOMBINE.

LEANDRE, *déguiſé en Eſclave Turc ayant une fauſſe barbe.*

LE DOCTEUR.

BONJOUR, Iſabelle, bonjour Colombine! Ah! que je ſuis aiſe de revoir mes Dieux Pénates. J'ai rencontré mon ami Caſſandre qui m'a dit ton goût pour les Eunuques; je t'en ai arrêté un à la Barriere de Vaugirard. Il te ſervira à ce qu'il pourra. Regardez-le.

ISABELLE.

Je vous suis obligée, mon pere.

Plus mon œil curieux, en effet, l'examine. . . .
Quelque chose lui manque, on le voit à sa mine.

LE DOCTEUR.

Air. *La fille à la Druton.*

Il alloit à Poissy,
Près de Salamanque :
Les Turcs l'ont pris,
Ce sont des Juis,
Tout lui manque.
On a pris ses habits,
On a pris tous ses Louis ;
On l'a trop circoncis,
Tout lui manque.

Mais laissons cela. Tu t'en amuseras tantôt si tu peux.

A Leandre.

Va-t-en, mon ami ; on t'appellera quand on aura besoin de toi.

Léandre sort.

LE DOCTEUR, CASSANDRE, ISABELLE, COLOMBINE.

LE DOCTEUR, *à Isabelle.*

VIENS donc que je t'embrasse.

Air. *Attendez-moi sous l'Orme.*

Privé de ma famille
Depuis trois ans & plus,
En embrassant ma fille,
J'embrasse une Vénus.
Ah ! qu'elle est embellie !
Voyez de bout en bout
Combien elle est grandie.

COLOMBINE.

Vous ne voyez pas tout.

LE DOCTEUR.

Sçais-tu bien que j'arrive de Turquie ! Pour y aller, c'est tout comme à Rome, il y a plusieurs routes, mais j'ai laissé toutes les plus longues ; & j'ai pris la courte.

ISABELLE.

J'aurois fait comme vous, mon pere.

COLOMBINE.

Nous avez-vous bien apporté des raretés, de ces contrées lointaines ?

LE DOCTEUR.

Oh ! Pour-çà, oüi.

Air. *Nous jouissons dans nos hameaux.*

Au Pays du grand Mahomet,
J'ai fait bien des emplettes;
J'ai quatre pintes de Sorbet,
Des pipes, des lunettes.

ISABELLE.

Je vous quitte aisément du soin
D'apporter ces merveilles:
Heureux qui revient de si loin
Avec ses deux oreilles !

LE DOCTEUR.

Et toi, ma fille, ne t'es-tu point ennuyée pendant mon séjour d'absence ?

ISABELLE.

Non, mon pere ; & j'ai appris un peu de Géographie. Je sçai ce que c'est qu'une embouchure ; j'ai beaucoup de connoissance des trois parties du Monde *, & je sçai leurs noms sur le bout du doigt.

Air. *Tes beaux yeux, ma Nicole.*

Loin de votre patrie,
Quand vous restez trois ans,
Pour apprendre en Turquie
Comme on fait des Turbans,

* *Avant la découverte de l'Amérique.*

Pour devenir habile,
Et chasser mes ennuis,
Sans trop quitter la ville;
J'ai vû bien du Pays.

COLOMBINE.

Air. *Le bout du monde.*

Tandis qu'un Docteur en voyage,
Bravant & corsaire & nauffrage,
A mille périls s'exposoit.
Sans aller sur l'Onde,
Sa fille touchoit
Au bout, au bout, au bout du monde.

LE DOCTEUR.

As-tu bien eu soin de faire faire les réparations nécessaires à notre maison?

Air. *Menuet de M. Grandval.*

Lorsque l'on a pignon sur ruë,
Une maison veut bien des soins.

COLOMBINE.

Bon! Bon! vous verrez qu'elle est cruë,
En trois ans, de six pieds au moins.

LE DOCTEUR.

Comment! tu as bâti!

ISABELLE.

Où, mon pere, sur le devant. On y étoit trop à l'étroit, mais à présent qu'il est élargi, tout le monde y pourra loger à son aise.

LE DOCTEUR.

As-tu bien pris garde au feu ?

ISABELLE.

Ah ! mon pere, je le crains comme un ange, trois hommes que j'avois pris à mon ſervice pour cela, y ont renoncé à cauſe de la fatigue.

Air. *Ramonez-ci, ramonez-là.*

Le ſoir & la matinée,
Vous m'euſſiez vuë acharnée
A chanter à ces gens-là,
Ramonez-ci, ramonez-là,
La la la
La cheminée du haut en bas.

LE DOCTEUR.

Je parie que tu ne travaillois guéres, & que tu étois toujours penduë à la fenêtre de la ruë.

ISABELLE.

Air. *Que je regrette mon Amant !*

Non, jamais je ne m'y mettois,
Les voiſins vous diront, mon pere,
Que pour ſuivre mon goût, j'étois,
Preſque toujours ſur le derriére ;
Là je couſois aſſidûment ;
Colombine en faiſoit autant.

Isabelle & Colombine ensemble.

Je filois,
Tricotois,
Et cousois,
Assidûment,
Colombine en faisoit
autant,

Je filois,
Tricotois,
Et cousois,
Assidûment,
Isabelle en faisoit autant.

ISABELLE.

Aussi je gage bien qu'il n'est guéres de filles
Qui se vante d'avoir épointé plus d'éguilles.

LE DOCTEUR.

Tant mieux, c'est preuve de travail. Mais qu'as-tu fait de plus encore ? Car je veux tout sçavoir.

ISABELLE.

Air. *Trois enfans gueux.*

Trois gros garçons, mon Pére, ici sont nés
Ce fut là mon plus fréquent exercice :
J'ai fait sévrer déja les deux aînés,
Le plus petit téte encor sa nourrice.

LE DOCTEUR

Fort bien, ma fille, fort bien. Est-il beau de rester toujours les jambes croisées?

Air. *Je ne suis né ni Roi, ni Prince.*

On sçait trop par quelle malice,
Le vice dans les cœurs se glisse,

Il eſt fils de l'oiſiveté,
Plutôt que d'être à ne rien faire ;
Il vaut donc mieux, en vérité,
S'occuper à peupler la Terre.

D'ailleurs, je te dirai que c'eſt moi qui en ſuis cauſe. Te voyant prête à te marier, je n'ai entrepris mon voyage en Turquie, que dans la crainte que tu ne fuſſes auſſi ſtérile que moi ; car ordinairement les filles tiennent de leurs péres.

Air. *Du Cap de Bonne-Eſpérance.*

N'ayant pû, par impuiſſance,
Faire un petit nouveau-né,
En Docteur, plein de ſçience,
J'ai fort bien imaginé,
D'aller juſques à la Mecque ;
Supplier, en Langue Grecque,
Le Prophéte Marabou,
De t'en donner tout ton ſaoul.

Mon Pélerinage a fait ſon effet, & ſans doute, Mahomet a exaucé mes vœux, même avant que je l'euſſe intercédé. C'eſt vraiment un coup du Ciel !

CASSANDRE.

Air. *Grimaudin.*

Il eſt, en prenant cete affaire,
Plus doux que miel ;
Pourquoi baptiſer ce myſtére,

Un coup du Ciel ?
Pour moi je ſuis bien convaincu ;
Que c'eſt plutôt un coup fouré.

Vous voilà trois enfans qu'elle vous a mis ſur les bras, qu'en ferez-vous ?

LE DOCTEUR.

Même Air.

Ne peut-on pas avoir la guerre ?
Et dans ce cas,
Les trois garçons, dont elle eſt mere,
Seront goujats.
C'eſt un charmant, & noble emploi
De faire des hommes au Roi.

COLOMBINE.

Mais, Monſieur, rien ne m'échappe. Vous venez de dire que vous n'aviez jamais eu d'enfans ; votre fille Iſabelle ne vous appartient donc pas ?

LE DOCTEUR.

Tais-toi. Ce ſont des ſecrets de famille dans leſquels tu ne dois point entrer. Mais voici tout le myſtére.

Air. *Un inconnu.*

Dans le moment que j'épouſai ſa mere,
Je la ſçavois groſſe comme un tambour ?
Et la commere
M'épouſa pour

Prendre un manteau qui couvrît nuit & jour
Tous les enfans qu'elle viendroit à faire.

Et comme la Loi ordonne que les enfans que fait la femme soient ceux du mari, voilà pourquoi il n'y a que moi qui suis son pere, en dépit d'elle, de toi, de tout le monde, & de moi-même.

CASSANDRE.

En tiens-tu, Colombine ? Te voilà muette. Voilà ce que c'est que d'être Docteur, on ferme la bouche à tout le monde. Mais, mon ami, allons donc voir les petits enfans qui font tout de même que si vous étiez grand-pere.

LE DOCTEUR, *en sortant avec Cassandre.*

Colombine ! reste avec ma fille, tandis qu'elle causera avec cet Eunuque qui vient ici. Que sçait-on ? s'il lui alloit prendre une envie de femme grosse ?

COLOMBINE.

Air. *Le Mirliton.*

Hardiment seuls je les laisse
Qu'est-ce qu'il arrivera ?
Je réponds de leur sagesse
Puisqu'entre eux deux il n'y a
Qu'un seul mirliton, mirliton, mirlitaine ;
Qu'un seul mirliton, dondon.

Elle sort.

SCENE V.

LEANDRE, ISABELLE.

LEANDRE, *déguisé comme il a déja paru.*

Air. *Nous sommes précepteurs d'Amour.*

MADAME, parlez ſans façon,
Pourrai-je ne pas vous déplaire ?
Et ſouffrirez-vous un garçon,
Qu'on a privé du droit d'en faire ?

ISABELLE.

Oui, mon cher Eunuque, vous m'avez plû d'abord. Il y a comme-ça des Phyſionomies qui vous reviennent tout d'un coup, & qui vous feroient faire toutes ſortes de choſes. Comment vous appellez-vous ?

LEANDRE.

Ah! Madame, depuis que je ſuis ce que vous ſçavez, je cache mon nom à toute la Terre du monde. Nommez-moi comme il vous plaira, mais ſurtout....

Air. *Quand je tiens de ce jus d'Octobre.*

N'exigez point, belle Iſabelle
Que mon vrai nom paroiſſe au jour ;

ISABELLE.

Eh bien, je veux qu'on vous appelle
Dorénavant, Monſieur, tout court.

Que je maudis cette infâme Turquie de vous avoir accommodé comme-ça ! cela fait dreſſer tous les cheveux d'horreur.

Air. *Com' vla' qu'eſt fait !*

Vous avez aſſez bonne mine ;
Vous paroiſſez être bienfait ;
Je vous vois la jambe très-fine,
Léandre fait un entrechat.
Vous ſemblez avoir du jarret.

LEANDRE.

Mais d'une créature humaine,
Je ne ſuis hélas qu'un extrait !
Vous diriez, ſenſible à ma peine,
Si le reſte à vos yeux s'offroit,
Com' v'la qu'eſt fait !
Com' v'la qu'eſt fait !

ISABELLE.

En vérité c'eſt bien dommage qu'un ſi joli homme. . . .

LEANDRE.

Air. *Allez donc, jouez violon.*

A quoi peut ſervir ma figure ?
Je ſonge à ma triſte avanture
Qui jamais n'aura guériſon.
Un Crocheteur m'eſt préférable :

Si le jour il travaille en Diable,
Avec ſa femme, en ſa maiſon,
Le ſoir il peut..... jouez violon;
Ta la la la, &c.

ISABELLE.

Mais ſi ces Mahométans continuent, il ne reſtera pas en France un homme entier. Il n'y en a pas déja trop.

Air. *Menin qu'étoit plus fort.*

Devroit-on ſéparer
Un homme de lui-même?
Cette fureur extrême
Ne ſe peut digérer.
Voudroient-ils, ſur la Terre,
Ces Turcs, ces aſſaſſins,
Etre les ſeuls à faire
Ce qu'on fait d'ordinaire,
Quand on fait les humains.

LEANDRE.

Votre état me touche ſenſiblement. Et ſi vous étiez comme je voudrois, je ne pourrois m'empêcher de vous avouer la paſſion que vous m'inſpirez.

LEANDRE.

Madame, eſt-il bien vrai? Ah! que ne ſuis-je borgne & aveugle? puiſque dans l'inſtant que je vous ai vuë, mes yeux ſe ſont ſi fort troublés.... qu'enfin je vous adore. O Ciel ! quoi nous nous aimons ?

ISABELLE.

Air. *Le Démon malicieux & fin.*

Oui, pour vous, mon cœur s'eſt attendri,
Mais vous ne ſerez point mon mari :
J'épouſerois plutôt un éclanche,
Qu'un homme que l'on a fait raſibus ;
Un gigot brille au moins par ſon manche ;
Et s'il eſt tendre, il rend beaucoup de jus.

Cependant, au plutôt je veux être épouſée.
Depuis que de ces lieux Léandre eſt éclipſé,
J'adorai trois ingrats, qui tous m'ont refuſée ;
Et chacun, en fuyant, un enfant m'a laiſſé.
Patience, attendons ; dans cette grande Ville,
J'en puis engeoler un qui ſoit moins difficile.

LEANDRE.

Air. *Vlà le plaiſir des Dames.*

Vous avez donc eu trois Amans?

ISABELLE.

Vlà le plaiſir des Dames.

LEANDRE.

Léandre en croyoit vos ſermens,
Il comptoit ſur des feux conſtans :
Mais ſans rougir,
Récompenſer trois flammes !

ISABELLE.

V'là l'plaiſir des Dames,
V'là l'plaiſir.

Je

Je ne ſuis pas venuë au monde pour abolir les loix. Ah! ſi vous étiez entré à notre ſervice trois ans plutôt, vous auriez été témoin de tous les amuſemens que mes Amans me procuroient.

Air. *Là-haut ſur ces montagnes.*

Qu'il ſeroit beau d'entendre
Tous les murs de ces lieux!
S'ils pouvoient vous apprendre
Nos plaiſirs & nos jeux:
De combien de tendreſſes,
De baiſers, de careſſes,
Fut témoin l'eſcalier;
Et ſelon mon caprice,
La Cuiſine & l'Office,
La cave, & le grenier.

LEANDRE.

Mais, Madame, je vous avertis que Léandre va bientôt paroître en ces lieux. Je l'ai vû à Reims, à mon retour de Conſtantinople; & il m'a même chargé de vous remettre de ſa part trois piéces de Tapiſſeries du Levant, qu'il vous envoye.

ISABELLE.

Ah! que de joye! Je vais revoir Léandre, dis-tu? Il eſt à Reims? Eh! que fait-il là depuis trois ans?

LEANDRE.

Vous ſçavez qu'il ſe plaignoit 'depuis longtems d'être trop reſſerré. Ce mal a toujours augmenté, & il s'eſt vû tellement conſtipé, qu'il ne pouvoit plus rendre une ſeule bouchée. Il a conſulté nombre de Médecins ; Enfin,

Air. *Vous veillez lorſque tout ſommeille.*

Par un innocent artifice,
Il a recouvré la ſanté.
A Reims, il vit de pain d'épice,
Par ordre de la Faculté.

ISABELLE.

Mais on en vend dans cette Ville,
Pourquoi ſe ſouſtraire à nos yeux ?

LEANDRE.

Sans doute, il eſt bien plus utile
De le manger deſſus les lieux.

S'il vous épouſe à ſon arrivée, comment ferez-vous pour lui déguiſer la bréche qu'on a faite à ſon honneur ?

ISABELLE.

Lorſque nous irons nous coucher pour notre mariage....

Air. *Les filles de Montpellier.*

Tu fermeras le rideau,

J'éteindrai notre chandelle,
Pour attraper le nigaud,
Je fuirai dans la ruelle,
Aïhe, Aïhe, Aïhe,
D'un ton de Pucelle,
Criant, Aïhe, Aïhe, Aïhe.

LEANDRE.

Ah! Madame, Léandre eſt Grec; il s'appercevra de tout.

ISABELLE.

Eh bien! au bout du compte, je m'imagine qu'il ne m'en voudra pas tant de mal.

Air. *Vous voulez me faire chanter.*

Mon Pére n'eſt qu'un franc Cocu,
Grace aux ſoins de ma mere,
Et Leandre eſt bien convaincu
Qu'un Cocu fut ſon pére:
Au moment qu'il s'appercevra
Que je ne ſuis plus fille;
Je compte qu'il prendra cela
Comme un bien de famille.

LEANDRE.

Non, non. Il n'eſt pas homme à ſe moucher du pied, & ſurtout quand il verra une progéniture étrangére, c'eſt alors qu'il ne ſera plus maître de ſa colére.

Air. *Le tems se barbouille.*

Je prévois bien de la brouille,
Quand Léandre arrivera,
C'est peu de vous chanter pouille,
Je croi qu'il vous rossera ;
Le tems se barbouille, bouille, bouille,
Le tems se barbouillera.

ISABELLE.

Air. *Sans dessus dessous, sans devant derriére.*

Ce seroit un désagrément. *bis.*
Il faut cacher à mon Amant,
Que par trois fois l'on m'a fait mére,
Sans dessus dessous, sans devant derriere,
Avant qu'il devînt mon Epoux,
Sans devant derriére, sans dessus dessous.

J'imagine déja un bon moyen. Tu n'as qu'à dire que tu es marié ; & que ces enfans sont les fruits de ton mariage.

LEANDRE.

Bien caché à qui le cul voit !

Léandre sçait que je suis Eunuque depuis quinze ans, & votre fils aîné n'en a que trois au plus.

Air. *Ici je fonde une Abbaye.*

Je ne puis faire votre affaire,
Inventez un autre secret :
Pour qu'un homme passe pour pére
Il faut, au moins, qu'il soit complet ;

ISABELLE.

Il est vrai ; je n'y pensois plus. C'est que l'on a de la peine à croire ce que l'on ne desire pas.

LEANDRE.

Hélas ! Mon malheur n'est que trop véritable.

Air. *Le Pére Barnaba.*

D'un Sérail échappé,
J'arrive de Turquie;
Un Turc, après soupé,
Rempli de barbarie,
D'un coup de sa faucille,
M'a, dans ce Pays-là,
Fait laisser la Béquille
Du Pére Barnaba.

Un Valet apporte un paquet.

Mais voici les tapisseries dont je vous ai parlé, & que je vous présente au nom de Léandre.

On déroule les tapisseries.

ISABELLE.

Que vois-je ! juste Ciel, mes trois fils en peinture !
Ah ! Léandre sçait donc toute mon avanture ?
Ma Renommée, à Reims, a sans doute volé,
Non seulement à Reims, mais peut-être à Salé :

C'eſt envain qu'à ſes yeux, je veux paſſer pour fille;
Recevant mes enfans travaillés à l'aiguille.

Air. *M. Charlot.*

Oui, trait pour trait;
On les a ſçu portraire;
Il ne leur manque guéres
Que le caquet,
Voyez quels yeux!
Qu'ils ſont nerveux!
Ils reſſemblent aux péres,
Ma foi, ce ſont eux.

LEANDRE *feignant de la colére.*

Oh! je n'y puis plus tenir! vous aimez Léandre, vous m'aimez, & vous vous rappellez avec amour le ſouvenir des peres de ces merdailles.

Air. *Sambleu! morbleu! Marion!*

Ç'en eſt aſſez pour moi, ce jeu
Devient plus amer que Rhubarbe;
Sambleu!
Le courroux m'arrache la barbe,
Morbleu!

Il ôte ſa fauſſe barbe!

ISABELLE.

Air. *Les Trembleurs.*

Faut-il ainſi me ſurprendre?

Ah ! Ciel ! que viens-je d'apprendre !
Je ne revois dans Léandre
Qu'un Eunuque, à ſon retour.
Je l'avouë avec franchiſe,
La frayeur m'a tant ſurpriſe,
Que je fais, dans ma chemiſe,
Mon petit, & mon grand tour.

Ah je me meurs.

LEANDRE.

Elle ſe pâme ! ah ! Ciel vîte une pelle à Cul.

Iſabelle s'évanoüit ſur la chaiſe qu'on lui apporte.

Ah ! chere Iſabelle, revenez à vous. C'eſt une feinte que j'ai miſe en jeu, pour éprouver votre fidélité. Tout a réuſſi au gré de mes ſouhaits, & vous allez tout-à-l'heure apprendre que vous n'avez jamais aimé que moi.

SCENE VI. ET DERNIERE.

CASSANDRE, LE DOCTEUR, LEANDRE, ISABELLE, COLOMBINE.

LEANDRE.

Air. *Allons la voir à S. Cloud.*

VOus venez fort à propos ;
Reconnoissez-vous Léandre ?

COLOMBINE ET LE DOCTEUR.
Ensemble.

C'est lui-même en chair & en os.

LEANDRE.

Oui, j'ai voulu vous surprendre.

CASSANDRE.

Ah ! Monsieur l'Eunuque, bon jour !

LEANDRE.

Non, non, mon Oncle, c'est un tour,
Une supercherie.

ISABELLE, *revenant de ſon évanoüiſſement.*

Ah ! vous me rendez la vie.

Je conviens, mon cher Léandre, de vous avoir fait quelques niches pendant votre abſence ; mais je ſuis excuſable, puiſque nous n'avions pas encore paſſé le le bail de l'Hyménée.

Air. *Ma raiſon s'en va beau train.*

Je n'en dois pas être moins
L'objet de tes tendres ſoins :
Ah ! combien j'en vois
Dans l'état bourgeois,
Et dans le rang ſuperbe,
Tranquillement Cocus en bois,
Et tu ne l'es qu'en herbe,
Lon là,
Et tu ne l'es qu'en herbe.

LEANDRE.

Il eſt tems de finir votre erreur ; je ne ſuis point ſorti de Paris, & c'eſt moi que vous avez toujours vû ſous les différentes figures des hommes ſous qui vous avez ſuccombé. Je vous épouſe à l'aveuglette, & je ſuis trop content, puiſque votre vertu à réſiſté à la tentation de mon Oncle.

Air. *Reçois dans ton Galetas.*

J'avois dessein d'éprouver
La foi de mon Isabelle ;
J'ai fait semblant de m'esquiver ;
Mais j'étois toujours avec elle,
Et de ses trois enfans, enfin,
Je suis le Pére & le Parrain. *bis.*

Air. *Sans le sçavoir.*

Elle croyoit dans les Guinguettes,
Prodiguant ses faveurs secrettes,
De mes rivaux combler l'espoir :
Mais mon adorable Isabelle
N'a donné qu'à moi le mouchoir.
Par hazard elle fut fidelle
Sans le sçavoir.

Air. *A la façon de Barbari.*

D'un vrai Scaramouche j'avois
Emprunté la figure;
D'Arlequin je contrefaisois
Les gestes & l'allure;
J'ai pris la barbe à Pantalon;
La fari don denne, la fari don don;
Sous ces trois noms, j'en ai joüi
Biribi,
A la façon de Barbari,
Mon ami.

J'aurois voulu pouvoir comme le maître du Tonnerre, prendre encore mille figures de différens insectes.

Air. *Ton humeur est Catherine.*

Afin que plusieurs mortels

Donnassent dans le paneau ;
Jupiter se fit pour elles
Cigne, Métal, ou Taureau :
Mon feu, qui n'a point de bornes,
Se seroit fait un régal
De vous plaire en bête à cornes,
Ane, Mulet, ou Cheval.

ISABELLE.

Non, je ne puis m'empêcher d'approuver de si tendres sentimens. Je vous pardonne vos déguisemens en faveur de l'invention ; oüi Léandre, je vous pardonne. Attrapez-moi toujours de même.

LEANDRE.

Air. *On dit que vous aimez les fleurs.*

Je l'avouerai de bonne foi,
Pardonnant cette offense,
Mon Isabelle n'a pour moi
Que trop de complaisance ;
N'a que trop de... N'a que trop de... ?
Que trop de complaisance,
Que trop....
Que trop de complaisance !

CASSANDRE.

Air. *A sa voisine.*

Pour vous je ressentois un feu

Qui causoit mon martyre ;
Mais à l'aspect de mon neveu ;
Je n'ai plus rien à dire :
J'avois mis mon épingle au jeu,
Je la retire.

LE DOCTEUR.

Air. *Les billets doux.*

Puisqu'il n'est plus aucun débat,
Signez : j'ai sur moi le contrat,
Je ne sçais pas écrire.

Tous les Acteurs *répétent.*

Je ne sçais pas écrire.

LE DOCTEUR.

Le Notaire dit qu'il est bien ;
Mais voyez s'il n'y manque rien ;
Jamais je n'ai sçû lire.

Tous les Acteurs *répétent.*

Jamais je n'ai sçû lire.

LE DOCTEUR.

Eh bien! mangeons, dansons, faisons toujours la nôce,
C'est un plaisir plus grand que d'aller en carosse :
Qu'ils aillent, du festin, dans leur lit nuptial :
Car se coucher ensemble est le point capital.
Nous songerons, après leur passe-tems céleste.
A nous bien arranger pour finir tout le reste.

COLOMBINE, *à Isabelle & Léandre.*

Air. *Nous autres bons Villageois.*

Sans que l'on vous dise amen ;
Vous fites trois fois un Léandre ;
Mais quand on prévient l'Hymen ,
Ce qui vient, il faut bien le prendre :
En Alzace c'est bel & beau ,
On prend la vache & le veau ,
On peut vous dire à tous les deux
Vous allez pondre sur vos œufs.

LEANDRE, & ISABELLE.

Nous allons pondre sur nos œufs.

DIVERTISSEMENT.

LEANDRE.

Air. *A sa voisine.*

L'Hymen va donc nous rassembler,
Sous ses loix il nous range.
Tant que l'Amour le fait aller,
Il est beau comme un Ange :
Il nous excite à nous galler
Où ça demange.

ISABELLE.

Même Air.

L'Hymen, à ne point vous flatter;
Est un horloge étrange,
Qu'il faut monter, & remonter,
Sinon il se dérange ;
Et les voisins viennent gratter
Où ça demange.

CASSANDRE.

Même Air.

L'esprit de la femme est malin,
Toujours elle se vange :
Au moindre soupçon de chagrin,
Soudain, change pour change :
Il faut qu'elle te gratte enfin,
Où ça démange.

COLOMBINE.

Même Air.

Je crois qu'on ne pourra traiter
Mon ſentiment d'étrange ;
Je renoncerois à porter
Et panier , & fontange,
Plutôt que de ne pas gratter
Où ça demange.

LE DOCTEUR.

Même Air.

De l'Hymen je ne puis tâter,
C'eſt un malheur étrange ;
La table ſçait me ragouter ,
J'y ris, j'y bois, j'y mange.
C'eſt toujours un peu ſe gratter
Où ça demange.

COLOMBINE, *au Public.*

Même Air.

En deſirant vous contenter
Aurions-nous pris le change,
Si nos jeux ont ſçu mériter
Quelque peu de louange
Meſſieurs, vous pouvez nous gratter
Où ça demange.

On danſe une Contredanſe.

FIN.

EPITRE DEDICATOIRE,

A M ***.

O Vous, qui pétillant d'une héroïque audace,
Sur Pégase volez au sommet du Parnasse,
Oserai-je en tremblant baiser votre talon ?
» Nous sommes tous égaux étant fils d'Apollon,
Me dites vous : tant mieux, c'est ce qui m'encourage
A venir hardiment vousoffrir mon hommage.
N'attendez pas ici qu'en Carmes excellens,
J'instruise le Public de vos rares talens.
Eh, qui ne connoît pas l'admirable Z...
La touchante M... & l'adorable A.... ?
Qui n'est pas enlevé par leurs sublimes traits !
Je laisse aux Connoisseurs à vanter leurs attraits:
Heureux si vous daignez (ornement de notre âge)
Jetter un doux regard sur ce petit Ouvrage.
Si vous le regardez avec quelque bonté,
Crac, il va d'un plein saut à l'immortalité.

AVIS AU LECTEUR.

ON n'a point entrepris de chanter dans ces Vers,
Rome, ni ses enfans vainqueurs de l'Univers,
Ni les fameuses Tours qu'Hector ne put défendre,
Ni les combats des Dieux aux rives du Scamandre.
On ne veut qu'y chanter deux fidéles Amans,
Leurs plaintes, leur amour, leurs plaisirs, leurs tourmens;
Et comme ils attendoient qu'un heureux Hyménée
Vînt de mille faveurs combler leur destinée.
L'un & l'autre cependant
N'en croqua que d'une dent.

PROLOGUE.

EURIPIDE, aux Spectateurs.

MOI, l'ombre d'Euripide au style magnifique,
Immortel ornement de la Scene tragique,
Je sors du noir séjour de l'enfumé Pluton,
Où coule le Léthé, le Styx, le Phlégeton,
Comme aujourd'hui l'on joue une Piéce nouvelle,
Je veux vous témoigner quel est pour vous mon zéle,
Et je viens tout exprès paroître devant vous
Pour vous apprendre un fait que vous ignorez tous.
Sachez qu'il est là-bas une cruelle gêne
Que l'on fait éprouver à qui trouble la Scene;
Auteurs malicieux, incommodes Cracheurs,
Caballeurs, Criailleurs, Sifleurs & Tapageurs,
Tous sont plongés au fond d'une cuve bouillante,
Tisiphone en fureur sans cesse les tourmente,
Et sans cesse leur crie, ah! ah, Perturbateurs!
Siflez tout votre soû, siflez, siflez, Messieurs.
Profitez, Spectateurs, d'un avis charitable.
On va représenter un Ouvrage admirable,

Qui surpassant tous ceux de Sophocle & les miens,
Peut enrichir lui seul tous les Comédiens.
Ecoutez le récit d'une flamme pudique,
Le tour harmonieux d'un vers plus qu'énergique,
Les nobles sentimens & les vives ardeurs
Qui sçavent émouvoir, ravir les plus grands cœurs.
Voyez comme on y peint la Vertu, douce, aimable,
Et le Vice, à son tour, affreux & haïssable.
C'est ainsi que tout homme, employant son loisir,
Doit sçavoir allier la Sagesse au Plaisir.
La Scene aux yeux du Sage ouvre sans cesse un Livre :
Voir & sentir c'est être, & réfléchir c'est vivre.
Enrichissez votre ame avec ce grand trésor.
Ramenez, s'il se peut, les jours de l'Age d'Or :
Surtout pour éviter toutes sortes de blâmes,
Ne criez point, Messieurs, haut les bras, place aux Dames.
Tous ces vils cris ne font que troubler les Acteurs.
Si vous vous comportez en sages Spectateurs,
Vous aurez sur la fin, pour surcroît d'abondance,
Vaudeville, Duo, Tambourin, Contredanse.

www.ingramcontent.com/pod-product-compliance
Lightning Source LLC
LaVergne TN
LVHW010824150926
848035LV00047BA/1212